西岡壱誠・相佐優斗・孫辰洋

NISHIOKA Issei　　AISA yuto　　SON Tatsuhiro

新しい英検の教科書

NEW EIKEN TEXTBOOKS

星 海 社

目次

はじめに　なぜ今、英検なのか

「英検は受験に有利」

こんな話を聞いたことはありますか?

今や**大学受験を目指す人**にとって、**英検は必須科目**──そう言っても過言ではないほど、今の受験にとって英検（実用英語技能検定）のウェイトは大きくなっています。

高い級を取得していれば入試での加点がある大学は多いですし、英語の試験が満点扱いされる大学さえあります。

加えて、入試本番が当日のコンディションに左右されてしまうのに比べ、英検は１年に３回開催されており、複数回受けることができるので、体調や精神的緊張に左右されにくく、あなた本来の実力を発揮しやすいというメリットもあります。

さらに一般入試ではなく推薦入試（総合型選抜入試）でも、英検１級や準１級などを持っていることは大きな強みになります。英検と面接、小論文だけで早稲田やGMARCHに進学することさえ、今では可能なのです。

そして、本書を手に取った方にはさらなる朗報があります。

2024年現在、英検は大きな過渡期にあり、出題傾向が大きく変わります。
新英検対策をした人にとっては非常に合格しやすい、逆に新英検のポイントを押さえておかないと合格しにくい仕様に変更されることが予告されているのです。
つまり、今から**新英検の対策**をしておいた人に有利な制度変更があるわけで、

これは準備しないわけにはいきませんよね?

本書『新しい英検の教科書』は、新英検で合格するためのポイントを端的に解説した、志望大学への合格をアシストする英検攻略本となっています。

種明かしをしてしまうと、2024年度からの新英検では、新たに追加される「英語長文の英語要約問題」が、非常に重要となってきます。これさえ解ければ合格できる、と言ってもよいほどです。

そのテクニックを解説するのがこの本の目的です。

具体的に英検がどう変わるのか、細かい仕組みの話になってしまいますが解説しましょう。

英検は、リーディング・リスニング・ライティング・スピーキングの4技能を評価するテストです。1級から5級まで7つの級があり、試験時間や問題数は級によって異なります。また、合格基準も級によって異なりますが、一般的には6〜7割程度の得点で合格とされています。

3級以上は一次試験と二次試験に分かれて2度の試験となり、一次試験はリーディング・リスニング・ライティングの3技能の筆記試験を行い、一次試験の合格者は、二次試験（スピーキング）に進みます。

そして新英検では、ライティングの問題が1問追加されます。

元々、英検におけるライティングの比重はとても高いものでした。一説では、ライティングの1点はリーディングの3点に相当するとも言われており、「ライティングで点を落とさないようにできれば、合格間違いなし」というのが定説でした。

そのライティングのリニューアルには、とても大きなインパクトがあります。たった1問の追加ですが、それが英検という試験全体を大きく変容させかねないのです。

それが先ほど述べた「英語長文の英語要約問題」、英語の長文を英語で短く言いまとめる問題です。この問題形式は今までの英検とは全く違いますし、大学入試の問題を見渡してもほとんど出題されていないものです。一部の難関校では英文要約の出題がありますが、それでも英文を日本語でまとめて解答する

ものばかりです。

つまり、**英文要約の対策**はまだほとんど世の中にないのです。

そこで今回、我々は「英語長文の英語要約問題」の対策として、本書を書くことにしました。

本書では、大きな変更が加えられることになる2級以上の級に関して、どのように勉強すればいいのかについて解説します。1章では2級の、2章では準1級の要約問題の解説を行い、3章〜5章では英検で求められる能力をどのように身につければいいか、問題も使いながら解説をさせていただきます。

具体的に英検をどう受験戦略に組み込んでいくかは、本書の著者の1人、相佐優斗の『3か月で英検準1級をとる！』（幻冬舎）に解説がありますので、そちらをご覧ください。

英検に難しい問題が追加されたことを、多くの受験生はマイナスな出来事だと感じると思います。しかし、実は一概にそうは言えないと我々は考えています。なぜなら、**新英検の問題**は、その勉強の過程でいろいろな英語の問題を解ける力がつく、**本質的な問題**だからです。

英語長文を短く言いまとめるのは、英語を読解する上で一番重要な能力とすら言えます。書かれたことを解釈し、自分なりの言葉でまとめるのは、英作文や英会話をする上でもとても重要です。英検準1級以上は、出題された英語長文を自分の言葉で言い換えなければなりませんが、そこで身につくのは英語で相手の意見を解釈し、英語で表現する上でこの先も役立つ普遍的な能力なのです。つまり**英文要約**には、この1冊には多彩な英語スキルが詰まっているのです。

本書を読み、問題を解き終わったら、きっとみなさんの英語力は大きく向上しているはずです！

1章 新英検の鍵
英文要約

さて、まずは**新英検2級の予想問題**を見てみましょう。
「こういう問題を出題します」と英検公式が公開している予想問題は、次のようなものです。

以下の英文の内容を45語〜55語程度の英語で要約しなさい。
ただし、解答が英文の要約になっていないと判断された場合は、0点と採点されることがあります（設問部分は一部改変しています）。

When students go to college, some decide to live at home with their parents, and others decide to rent an apartment by themselves. There are other choices, too. These days, some of them choose to share a house with roommates.

What are the reasons for this? Some students have a roommate who is good at math or science and can give advice about homework. Other students have a roommate from abroad and can learn about a foreign language through everyday conversations. Because of this, they have been able to improve their foreign language skills.

On the other hand, some students have a roommate who stays up late at night and watches TV. This can be noisy and make it difficult for others to get enough sleep. Some students have a roommate who rarely helps with cleaning the house. As a result, they have to spend a lot of time cleaning the house by themselves.

「要約」なんて今まで出題されたことがなかったですし、多くの受験生や英語学習者にとっては馴染みのない問題だと思います。

大学受験でも、あまり英語の要約問題はお目にかかることがありません。今回この本を作成するに当たっていろんな大学の問題を調べてみましたが、毎年のように英語で要約の問題を出題している大学は、予備校が出している偏差値が70を超えるような高難易度の大学ばかりです。

例えば、東京大学。理系文系問わず、英語の問題の第1問は、比喩でもなんでもなく、50年前からずっと要約の問題です。「英語の長文を日本語で要約しなさい」という問題が、必ずと言っていいほど出題されているのです。新しい英検の問題は、英語で答えるか日本語で答えるかは違いますが、**偏差値70を超える難関大学の英語と、求められる基本的な考え方は同じ**なのです。

その他、要約問題を出すことで有名な学部といえば、早稲田大学の国際教養学部です。この学部はその名前の通り国際色豊かで、授業も基本的に英語で行われることから、英語の問題も高難易度のものばかりです。そんな学部で毎年のように出題されているのが、要約の問題だったのです。

ということで、「英語が難しい」と言われている難関大学で出題されている問題が、今回から英検で出題されるようになってしまった、しかも、「はじめに」で述べたように、この要約問題が合否を左右するほどの大きな得点配分だと予想される、ということの重大さはおわかりいただけたかと思います。

これは「大事件」と言って差し支えないですし、しっかり対策をしておかないと、多くの人が解けなくなってしまう問題だと思います。

しかし、安心してください。要約問題は、確かに難しい大学でばかり出題されている問題なのですが、**正しい「解き方」があります**。考え方さえ一度身につけてしまえば、決して難しくはない問題なのです。この章では、冒頭でお見せした英検2級の問題を使って、要約問題の対策をするうえでの基本的な考え方について、みなさんにお伝えしたいと思います。

まず前提として、要約問題に正解するためには「要約」の意味を正しく理解する必要があります。

注意しなければならないのは、「要約」と「要旨」の違いです。この違いを理解していないと、この問題は0点になってしまう可能性があります。

要約とは「文章を短くまとめたもの」です。

要旨は「著者が言いたいことをまとめたもの」です。

一見するとよく似ていますが、どう違うのでしょうか。

例えば次の文章を見てみましょう。

> 昨日は、自宅で幸子さんとお肉料理を食べた。
>
> だから自分はちょっと胃がもたれてしまっていて、こってりしたものは食べることができないと思う。
>
> なので、今日は、比較的ヘルシーな、あっさりした料理が食べたい。

このような文章があったときに、書き手の言いたいことは「あっさりした料理が食べたい」ですよね。

ですからこの文章の要旨は「書き手はあっさりした料理が食べたい」になります。

それに対して要約、つまり「全体を短く言いまとめたもの」は、そうはなりません。「書き手が言いたいこと」だけでなく、全体を短くまとめないといけないので、要約では、要旨を書くときには削って問題なかった昨日の出来事や「なぜこってりしたものが食べられないのか」などの要素も短くまとめる必要があります。

この文章の要約は「書き手は昨日ガッツリと料理を食べたので、今日はあっさりした料理が食べたいと考えている」と言いまとめるのが正解です。

ポイントは、要約では第1文から第3文まで、すべての文について端的な内容を記す必要がある、ということです。要旨は書き手の主張をまとめればよいので文章の流れを再現する必要はないですが、要約ではどれだけ「本筋と関係ない」と感じたとしても、途中の1段落や1文の内容を抜かしたりすることは、やってはいけません。それが要約というものです。

ここまで丁寧に「要約」というものを説明したのには理由があります。それは「要約になっていないと見なされたら0点」だからです。ちゃんと設問にも書い

てありましたよね。「要約になっていない」と見なされないために、しっかり要約の定義を理解しなければならないのです。

ちなみに言うまでもないことですが、「感想」を書いても0点です。普通の英作文の要領で「自分はこう思う」などと書こうものなら、どんなに頑張ってすばらしい内容に仕上げても、0点になってしまいます。気をつけましょう。

さて、ここまでの流れを踏まえると、要約問題の攻略法が見えてきましたよね。要約問題は「各段落がそれぞれどんなことを言っているのか」を整理すれば解答を作ることができるのです。

それぞれの段落について、

> In the first paragraph, the writer says that……
> 第1段落では、著者は……と言っている

というふうに書き始めて、「that……」以降に、その段落の内容を多少言い換えて作文していけば、答えを作ることができます。もちろん、言い換えが難しい部分は元の文章のままを使ってもいいでしょう。これを1段落ごとに繰り返していけば、要約としての体裁が整った解答を作ることができるのです。

英検2級に関しては、本文に使われている英語表現をそのまま活用しても問題ありません。第1段落の最後の文を少しだけ言い換えた上でそのまま使い、

> In the first paragraph, the writer says that some of the students choose to share a house with roommates.

などと書いていけば、英文要約ではほぼ満点に近い得点ができるでしょう。怖がることはありません！

……と、言えればいいのですが、さすがにこれだけでは終わらないのが英検の難しいところです。

要約問題が真に難しいのは「具体と抽象」です。具体的な話を抽象的な表現に言い換えていかなければならないのです。

例えば、次の文を訳してみてください。

> This can be noisy and make it difficult for others to get enough sleep.

これを訳すと「これはうるさくて、他の人が十分な睡眠を得ることは難しいかもしれない」となります。
次に、もうひとつ英文和訳をしてみましょう。

> They have to spend a lot of time cleaning the house by themselves.

これを訳すと「彼らは、彼ら自身で家をきれいにすることに多くの時間を割く必要がある」となります。
この章の最初に示した問題文のうち、第3段落で主要な文はこの2つですが、この2文をそのまままとめて「第3段落では、ルームシェアすると十分な睡眠を得ることは難しいし掃除に時間がかかると書いている」と書けば要約文になるのでしょうか?
答えは「NO」です。原文をただまとめるだけで要約になる場合もありますが、そうではないケースもあるのです。ここが、**新英検の一番難しいところ**と言っても過言ではありません。

まずはこの問題文全体の流れをおさらいしてみましょう。
第1段落では「最近、ルームシェアを選ぶ学生がいるよね」と語られていますね。
第2段落では「なぜルームシェアを選ぶ学生がいるのか」が語られています。
そしてその理由は「数学や科学・外国語の能力が向上するため」でした。
これらの段落は、問題文の英文をだいたいそのまま使って要約して問題ないと思います。
しかし、第3段落は違います。
On the other hand, から始まっていますが、これは「一方で」という意味

ですね。

一方で、というのは、今まで話していた1つの物事があって、それとは別の面の話をするときに使う言葉です。

文章の流れを踏まえると、「数学や科学・外国語の能力が向上する」という事象の「一方で」別の面がある、という展開になると解釈できます。

第3段落はその「もう一方」が語られるわけですが、原文をそのまままとめると、

> 数学や科学・外国語の能力が向上する。一方で、学生は睡眠がなかなか取れない。
>
> 数学や科学・外国語の能力が向上する。一方で、家の掃除をしなければならない。

となります。どこか違和感がありませんか？

「一方」とは、比較する言葉です。比較とは、2つ以上のものを並べて、比べることです。

「いちごとみかん、どっちが好き？」と聞かれたら、みなさんは「いちごは甘いけれど、みかんは酸味が強い。どっちが好みかな？」などと考えますよね。

でも、「いちごと野菜、どっちが好き？」と聞かれたら、みなさんは困惑するのではないですか？ 「いちごと野菜って、そんな別のジャンルのもの、比べられないよ！」と。

「フルーツと野菜」なら比較できます。「いちごとにんじん」でも比較できます。でも、「いちごと野菜」を比較するのは難しいように感じられます。

なぜかというと、**2つのものを比較するときには、同じカテゴリーや、同じくらいの具体性のもので比べなければならないからです。**

では、こういうのはどうでしょうか？

> ルームシェアには、数学や科学・外国語の能力が向上するというメリットがある。一方で、睡眠時間が取れず、掃除に時間が取られるというデメリットもある。

これなら、同種のものを比較していることになりますよね。

要するにこの文章の構造は、第2段落が「ルームシェアのメリット」で、第3段落が「ルームシェアのデメリット」だったわけです。言われてしまえば簡単に感じる人もいるかもしれませんが、しかし**自分でこの対比の構造に気付いて、そして言葉を補わないといけない**のです。

この第3段落の要約が難しい理由は、もう1つあります。

ひとつ前の第2段落は「なぜルームシェアをするのか?」という疑問から始まっていました。この1文が、この段落の話題を親切に説明してくれているのです。したがって、「ああ、ここでは『ルームシェアがなぜ選ばれるのか』というルームシェアのメリットが語られているに違いない」と解釈することが容易でした。厳密には原文は「What are the reasons for this?」で、そのまま訳すと「これの理由は何か?」となってしまうので、「this」すなわち「これ」の指すものを補う必要がありますが、直前の1文を読めばルームシェアの話だとわかるでしょうから、ここまではできる人が多いと思います。

でも、第3段落は、そこまで親切ではありません。「On the other hand」以外、文章全体の中でのこの段落の位置づけを説明してくれる言葉が全くありません。「うるさくて睡眠が取れない」「自分で家をきれいにしなきゃいけない」などの具体例から、**文章全体の抽象的な構造を推測**して「ああ、ルームシェアの否定意見やデメリットについて語っているんだな」と考え、さらにそれを英語で書かなければならないのです。

第3段落のどこにも、「ルームシェアの否定意見やデメリットについて」とは書かれていません。でも、前の段落からの流れを理解して、読解しなければならないのです。だからこの問題は難しいのです。

ここで求められている能力は、「**具体→抽象**」という言い方ができます。
具体→抽象とは、例えばこんな感じです。

　　ポケモンは面白い・スマブラは面白い・マリオカートは面白い
　　　　→テレビゲームは面白い

Aくんは、人にやさしくて、人のことをいつも気にかけてくれて、
話しやすい人物だ
　　→Aくんはいい人だ

具体的な話や例を読んだ上で、そこから得られる情報を総合して考えること。これが、「具体→抽象」です。

難しいのは、「やさしい」「いつも気にかけてくれる」「話しやすい」という言葉をいくら探しても、「いい人」というフレーズは出てこない、ということです。ただの一度も、「いい人」なんて言っていません。でも、1つ1つの具体例から推測して、「おそらく文章を書いた人はこういうことが言いたいんじゃないのか」と考え、言語化しないといけません。ここが要約のポイントです。

実際、章頭の要約問題で求められたのは、次のような言い換えでした。

ルームメイトがうるさくて睡眠が取れない・ルームメイトが協力してくれなくて自分で家をきれいにしないといけない
　　→ルームシェアにはデメリットがある・ルームメイトが問題を
　　　　起こすかもしれない

これは、とても難しいことです。ですが、難しいからと言って、打つ手がないわけではありません。パターンを理解すればいいのです。今回の英文は、英検の問題をたくさん解いている人なら、「ああ、またこう来たのか」と感じるようなものです。

英検の英文には、パターンがあります。今回の問題はこういう構造です。

第1段落　導入・説明・話題の提供：
　　　　　ルームシェアが増えている
第2段落　肯定意見やメリット／否定意見やデメリット：
　　　　　ルームシェアのメリット
第3段落　肯定意見やメリット／否定意見やデメリット：
　　　　　ルームシェアのデメリット
（第4段落　結論：なし）

結論にあたる4段落目が存在しない場合も多いです。

そしてなんと、**英検の問題に登場する文章はだいたいこのパターン、あるいはその派生**ということができます。

ちなみに、2023年7月6日の「英検リニューアルのお知らせ」リリースの際に、2級・準1級・1級のサンプル問題が公開されましたが、そのすべてが前ページで紹介した構造でした。

第2章で説明しますが、この**基本フォーマット**さえ知っていれば、**大体の場合、要約問題で書くべきことは自然に見えてきてしまう**のです。

さらに言うと、公開された3問ともに、

第1段落　導入・説明・話題の提供
第2段落　話題に関するメリット・肯定意見
第3段落　話題に対するデメリット・否定意見

だったのです。

偶然かとも思うのですが、もしかしたら英検の作問者はこのような流れの要約問題しか出題しないことすら想定しているのかもしれません……。

さて、ここまで理解した上で、実際に解答を作ってみましょう。第1段落は先ほど説明したので、次は第2段落です。

いきなり英語で要約を書くのではなく、まずはどういう内容に要約すればいいのか、日本語で考えてみましょう。

第2段落には「数学や科学が得意な友達からアドバイスをもらえたり、外国人の友達から外国語を教えてもらえたりする」という内容が書いてありますね。

みなさんはこれをどのように日本語に直しますか?

そのまま「シェアハウスでは、数学や科学や外国語の勉強ができるようになる」と書いてしまうと、45〜55という語数の制限があるので、ちょっと長いですよね。

そこで、長い内容をコンパクトにしてみましょう。「数学や科学や外国語の勉強ができる」を、大雑把に「勉強の面でメリットがある」とまとめてしまうのです。

気をつけておきたいのは、「勉強を教えてもらえる」と事実をそのまま書いてしまうのではなく、文章の構造に則って「勉強を教えてもらえる点で、メリットがある」ときちんと書き直すところです。

そして、ここでプラスの面が触れられていることもポイントです。「メリットがある」という話の次に来るのはデメリットではないかと、次の段落の内容まで想像することができるのです。
この「賛成意見が来た後に反対意見が来る」感覚をしっかりと身につけておくと、これから先、英語の問題で間違いがぐっと減ると思います。

さて、これを英語で表現しなければならないのが難しいポイントですね。
このときに一番気をつけたいのは、「主張→理由や具体例」の流れで書くことです。例えば、

> The students who choose to share a house can improve their math, science and foreign language skills.

と書いてしまうと、「第2段落の具体的な内容」を書くことはできても、「第2段落のまとめ」を書き継ぐことが難しくなってしまうんです。これはただの具体例であり、言ってしまえば「ポケモンとマリオカートって面白いよね」と言っているのと変わりません。重要なのは、「任天堂のゲームっていいよね！」という主張です。主張の後に、「ポケモンとかマリオカートとか」という具体例が来るのが自然な流れです。
ですから、まずは

> The writer says that sharing a house has benefits

と、「シェアハウスにはメリットがあると考えている」という**主張を先に持ってき**ます。その上で、「その理由・具体例として、いろいろなスキルが得られるからだ」と明示しましょう。今回の問題で言うと、

    because they can improve their skills.

とでもしておけばいいでしょう。

同じ要領で、第3段落もやってみましょう。第3段落の主張は、第2段落の反
対で、「シェアハウスにはデメリットもある」ですよね。ですから、最初は

    The writer says that sharing a house has risks

としましょう。その上で、その理由や具体例として書かれていることを抽象化し
て書けばいいわけです。

    because roommates may cause trouble.

なんて具合ですね。
さて、もしこの具体例をうまく書くことができなかったり、時間が足りなかった
り、言い換えるのが難しいと感じたりしたら、遠慮なく「逃げて」いいと思い
ます。「逃げる」とはつまり、問題文で使われている具体例をそのまま書いて
しまってもいい、ということです。

Because they have to spend a lot of time cleaning the
house by themselves.

と問題文の言葉をそのまま書いたとして、おそらく減点されることはあっても0点
にはならないでしょう。英検は試験なので、「本当に完全に理解できているの
か」よりも、減点覚悟で「どうすれば一部分でも点数を取れるか」を目指す方
が大事です。もし試験会場で手が止まってしまったとき、白紙で出すより、一
部減点覚悟でも書くための選択肢を持っておくのもいいと思います。

ともあれ、この問題の解答をとても簡単に作るとこのようになると思います。

> In the first paragraph, the writer says that some students choose to share a house with roommates.
>
> In the second paragraph, the writer says that sharing a house has benefits because they can improve their skills.
>
> However, in the third paragraph, the writer says that sharing a house has risks because roommates may cause trouble.

新英検の鍵　英文要約

この解答は、1文の最初を「In the ○○ paragraph, the writer says that」で統一し、問題文の中の一部の表現をそのまま使って（improve・skillなど）作りました。

これは「完璧な解答」ではないですが、受験生目線で「作りやすい」解答となると、こうなるのではないでしょうか。

今回のテクニックを抽象化して、他の問題でも使える「型」として考えると、このような構造が見えてきます。

1　In the first paragraph, the writer says that
　　［テーマ設定の文を見つけてコピー＆ペースト］
2　In the second paragraph, the writer says that
　　［筆者の主張を抽象化］
　　because（またはfor example）
　　［第2段落で挙げられている具体例を一括りにする
　　（前の段落と反対のことを言っている場合は「However,」を入れる）］
3　In the third paragraph, the writer says that
　　［筆者の主張を抽象化］
　　because（またはfor example）
　　［第3段落で挙げられている具体例を一括りにする］

この「In the first paragraph, the writer says that」は、場合によっては削っても問題ありません。「the writer says that」は繰り返しの表現になるので、第2段落以降は削った方が適切とも言えます。分量の目安が45

7

〜55語となっているので、その語数の目安に合わせて、一度解答を書ききった後でうまく削ったり追記したりして調整するといいと思います。ボリューム調整の道具として「In the first paragraph, the writer says that」を用意しておくのがおすすめです。

さて、このように型を理解した上でもう一度見てみると、英文要約の問題は「ゼロから作らなければならない英作文問題」ではなく、「この5つの穴を埋めていく穴埋め問題」に思えませんか？　そしてその穴をどうしても埋めることができなければ、コピー&ペーストで逃げればよいのです。

こう考えると、一見難しく見える英文要約が、ある程度は解ける気がしてきませんか？

各段落の中で重要なポイントを見つけ、ある程度抽象化して埋めていくことで、この問題は点数を取ることができるわけです。この抽象化については3章で説明しますので、訓練したい人はぜひ、そちらも合わせてご覧ください。

さて、英検2級の問題の解説はここまでです。

2章では今の考え方をさらに深め、準1級の問題を解説するので、「自分は2級までで大丈夫！」とお考えの人は、2章をパスして3章に飛んでいただいても大丈夫です。

とはいえ、2章で扱う準1級の要約問題の中でも、2級合格のために使えるスキルも解説していきます。2級の問題と比べて、準1級にはどんな違いがあり、どのように難しくなっているのでしょうか。

さらに英検を掘り下げていきますので、ぜひ2章もご覧いただければ幸いです。

2章 「自分の言葉」で要約する
英検準1級以上を攻略するテクニック

1章でも解説した英文要約のポイントを2章ではさらに深め、英検準1級レベルの問題でも対応できるようにしていきます。

この章でも、新英検の公式予想問題を使っていきましょう。こちらの問題をご覧ください（設問部分は一部改変しています）。

> 以下の英文の内容を60語〜70語程度の英語で、なるべくあなた自身の言葉を使って（in your own words as far as possible）、要約しなさい。
>
> From the 1980s to the early 2000s, many national museums in Britain were charging their visitors entrance fees. The newly elected government, however, was supportive of the arts. It introduced a landmark policy to provide financial aid to museums so that they would drop their entrance fees. As a result, entrance to many national museums, including the Natural History Museum, became free of charge.
>
> Supporters of the policy said that as it would widen access to national museums, it would have significant benefits. People, regardless of their education or income, would have the opportunity to experience the large collections of artworks in museums and learn about the country's cultural history.
>
> Although surveys indicated that visitors to national museums that became free increased by an average of 70 percent after the policy's introduction, critics claimed the policy was not completely successful. This increase, they say, mostly consisted of the same people visiting museums many times. Additionally, some independent museums with entrance fees

said the policy negatively affected them. Their visitor numbers
decreased because people were visiting national museums
to avoid paying fees, causing the independent museums to
struggle financially.

この問題はある1点において、1章で解いた2級の問題より格段に難しくなっています。

どういうポイントだかわかりますか？

正解は設問に書いてあります。先ほどはなかった「**あなた自身の言葉を使って**」という**条件**が加わっているのです。

2級までは、文章で書かれている英語をそのまま使ってもOKでした。しかし、準1級以上になると、「**問題文の言葉をなるべく使わないで、自分自身の言葉で述べる**」という問題になっているのです。

この条件1つで、問題の難易度は大きく上がります。1章では、いくつかの穴埋めは「問題に書かれている表現をコピー＆ペーストしてもOK」だったと思いますが、「**コピー＆ペースト**」が**許されなくなっている**のです。難しいですね。

はたして、どのように対応すればいいのでしょうか？

まずは、文章全体の構造を見てみましょう。先ほどと同じ話をしますが、英検で出題される文章の型は次のパターン、あるいはその変種であることが多いです。

第1段落　導入・話題の提供
第2段落　話題に対する肯定意見やメリット（もしくは、否定意見やデメリット）
第3段落　話題に対する否定意見やデメリット（もしくは、肯定意見やメリット）
（第4段落　結論　ある場合とない場合がある）

英検準1級以上を目指すにあたって、まず一番重要なのは、この型を自分の中にインストールすることです。2級よりも準1級の方が英語のレベルは上がって

おり、「どうしよう、この単語の意味わからないな」という状況に直面することも増えると思います。そのときに使えるのは、**英文の流れを理解して「類推する」**能力です。

この「導入・話題の提供→メリット→デメリット」の流れを理解した上で、第1段落をもう一度見てみましょう。

難しい単語はいろいろありますが、最後の文では「As a result」というフレーズがあります。これは「結論として」という意味の英語表現です。「結論」と言ってくれているのであれば当然、第1段落の結論が書いてあるはずです。ここさえわかってしまえば、第1段落は理解できたも同然です。

さて、この1文全体を見渡すと、「national museums」が「became free of charge」と書いてあるのがわかりますよね。

chargeがどういう意味か、わかりますか?

名詞として使われているので、ここでは「料金」です。ですから、「free of charge」は「無料」ってことです。どうやら、「national museum＝国立の博物館・美術館」が「無料」になったらしいです。博物館・美術館の料金といえば、まず思いつくのは入場料ですよね。つまり、第1段落で言っているのは「国立博物館・美術館の入場料が無料になった」ということだと、**キーワードを追っていけば論旨がわかってしまうのです。**

このように**主語と述語を追っていく読み方**は結構使えるテクニックなのでぜひご紹介したいのですが、まずはこの問題を先に解いていきますので、いったん後回しにします。気になる人は4章をご覧ください!

さて、ここで「類推」の時間です。第1段落を読んで、その後の流れを予想してみましょう。第2段落では、どんなことが語られると思いますか?

「**話題の導入→メリット→デメリット**」の流れで考えると、「国立の博物館・美術館の入場料が無料になった」という話題に関して、メリットやデメリットが語られることになると考えることができますよね。つまりは、「無料になったメリット」と「無料になったデメリット」が書かれているはずです。

「うーん、ちょっと類推できなかったな」と思った人は、「変化」というものをしっかり想像するといいと思います。

**大抵の文章は、なんらかの「変化」について語っているものです。「有料だっ

たものが無料になりました」とか、「少なかったものが増えました」とか、そういう話題はニュースでもよく見ますよね。1章の英検2級の方の予想問題は「ルームシェアを選ぶ人が増えている」という文章でしたが、「ルームシェアを選ぶ人がいなかったところから、ルームシェアを選ぶ人が出てきた」という論旨になっています。

変化とは、今までのものが、違う姿に変わることを指します。

歌がうまい友達に、「カラオケ、上手くなったね」とは言いませんよね。もともと歌がうまかったら、「相変わらず、カラオケうまいね」と言うと思います。もともとは歌が上手じゃなかったから「カラオケ、上手に『変化』したね」と指摘するのです。

話を冒頭の問題に戻すと、「博物館・美術館が無料になった」という言葉の裏には、「有料だったものが無料になった」というニュアンスが隠れています。であれば、「今まで有料だったものが無料になった影響が、プラス面でもマイナス面でも何かあるんじゃないか」という目線で、類推しながらここからの文章を読んでいくと、文章が読みやすくなります。

では、第2段落を見てみましょう。

> Supporters of the policy said that as it would widen access to national museums, it would have significant benefits. People, regardless of their education or income, would have the opportunity to experience the large collections of artworks in museums and learn about the country's cultural history.

ここで注目したいのが「significant benefits」というフレーズです。ここから、この段落は「無料にすることのメリット」が書かれているんだろうな、ということがわかります。正直、この時点でだいたいの流れは摑めます。おそらく無料になることの具体的なメリットが書いてあるはずです。「国立の博物館・美術館が無料になったらどんなメリットがあるんだろう?」と考えれば、みなさんは文章を読まなくても流れが想像できてしまいませんか?

博物館・美術館が無料になったら、いろんな人が訪れます。すると、所蔵さ

れている資料や美術品がより広く知られ、多くの人が楽しめるようになるんじゃ ないか……そんな想像をするのは、難しくはないですよね。そう思って続きを読 むと、最後の文で「opportunity to experience」とか「learn about ～ history」などと書いてあります。「経験の機会」「歴史を学べる」──やはり、美術品と触れ合う機会を得たり、その国の歴史を学べたりするような経験ができる、と言っています。

このように、「こういう話が書いてあるんだろうな」と想像しながら問題を読んでいくことが、**要約問題をクリアする近道**なのです。

さて、最後の段落も同じように読んでみましょう。
ここまでの流れを踏まえて、第3段落にどんな意見が展開されるのか、想像してから以下の段落を見てみてください。

> Although surveys indicated that visitors to national museums that became free increased by an average of 70 percent after the policy's introduction, critics claimed the policy was not completely successful. This increase, they say, mostly consisted of the same people visiting museums many times. Additionally, some independent museums with entrance fees said the policy negatively affected them. Their visitor numbers decreased because people were visiting national museums to avoid paying fees, causing the independent museums to struggle financially.

第2段落に「国立の博物館・美術館が無料になったメリット」が書かれていたということは、次の第3段落には「国立の博物館・美術館が無料になったデメリット」が書かれているはずです。
直感的には、無料になったことのデメリットはあまり想像しにくいですが、第3段落を読み始めるとすぐに、「これはデメリットの話だな」とわかります。「Although」という逆接の言葉があるからです。
実は英検の英文は、このように**第3段落に否定の接続詞が書いてあることが**と

ても多いのです。実際、本書で解いていく英検の要約問題は、3つとも、第3段落に否定の接続詞があります。今までの流れやメリットの説明を最後の第3段落で一気に否定するのが一種のテンプレートなわけですね。

では「デメリットが書いてある」という前提で、第3段落をざっと見ていきましょう。途中に「same people visiting museums many times」と書いてあります。これは、「同じ人が何回も博物館・美術館に行っている」ということですが、なんとなく意味がわかるのではないでしょうか？ 「より多くの人に博物館・美術館に行ってもらえる」という無料化のメリットを予想していたのに、実際は「同じ人が何回も行っていた」というのです。

さらに読み進めて、最後の1文を見てみましょう。

> Their visitor numbers decreased because people were visiting natural museums to avoid paying fees, causing the independent museums to struggle financially.

やっぱり**段落の最後の方には、重要なことが書いてある**場合が多いです。全体の結論や筆者の伝えたいことが書かれているので、**最後ほどしっかりと読むといい**のです。

その上で、この問題の最後の1文に書いてあることは、「visitor number」が「decrease」ということでした。「訪れる人が減っている」？ 無料になったのに？ と疑問に思いながら先を読んでみると、「to avoid paying fees」と続いています。「お金を払うのを避ける」ですね。

うーん、無料になったのでは？ と思ってよくよく読んでみると「independent museums」という言葉があります。independentは「独立した」という意味ですから、つまり「私営の博物館・美術館」です。

ここまで来れば、この論の主張がわかるはずです。無料になった国立の博物館・美術館と違い、独立の博物館・美術館は、有料のままだったからお客さんが減ってしまった、というのです。

このように、「**第3段落にはデメリットが書いてあるはずだ**」と念頭に置いて読み進めれば、断片的な英単語の読み取りだけでも、簡単に英文が読めてしまうのです！

ここまでの論旨を整理して日本語でざっくりまとめると、こんな風になります。

1　国立の博物館・美術館の入場料が無料になった
2　無料になったことによって、学習機会を増やしたりすることが期待された
3　しかし、無料になったことによって、同じ人が何度も行ったり、国立ではない独立した博物館・美術館のお客さんが減ったりした

大雑把な理解ですが、大体これくらいのことが読解できれば、日本語の要約として問題ないのではないでしょうか。

1章でお話ししたことを踏まえ、具体的な話を抽象的に直してみると次のようになります。

第1段落　導入・説明・話題の提供
　　　　　→国立の博物館・美術館の入場料が無料になった

第2段落　話題に対する肯定意見やメリット／否定意見やデメリット
　　　　　→無料になることで、より多くの人が学習機会を増やすなどの
　　　　　　メリットが期待された

第3段落　話題に対する肯定意見やメリット／否定意見やデメリット
　　　　　→無料になった結果、何度も行く人は増えたが訪れる人数自
　　　　　　体はあまり増えず、独立した博物館・美術館のお客さんが減
　　　　　　るデメリットが発生した

2級であれば、ここまでの流れでほぼ正解です。問題文の表現も使いながら先ほどのフォーマットに入れてしまえば、ほとんど満点に近い解答になると思います。

ですが、大事なことを忘れてはいませんよね。これは準1級の問題なのです。問題文の中で使われている表現を、自分の言葉で言い換えないといけないわけです。これは正直、かなり骨の折れるプロセスです。

とはいえ、そこまで緊張する必要もありません。問題文を読んでみると、「as far as possible」、つまり「できる限り」と書いてあり、できる範囲内で言い換えろ、と言われているからです。

今回、この本を制作するにあたり、このような要求をする大学入試問題を参照して、「どこまでだったら許されるのか」をしっかりと検討してみました。結論から言うと、「**固有名詞や文全体のテーマを指す名詞は、文中のものを使っても許される場合が多い**」という事実が見えてきました。

よく考えてみると、名詞は、その言葉でしか表現できず、言い換えにくい言葉も多いですね。日本の話をしている文章を要約するのに、「アジアのあの小国は……」といった言い換えをあえてする必要は、流石にないわけです。

例外的に、そのまま書いても許される英語表現

固有名詞　Japan・Americaなどの国名、Mike・Jimなどの人名
文全体のテーマ　水泳がテーマの文でswimming、美術館がテーマの
　　　　　　　　　文でmuseumなど

今回の問題では、流石に「museum」という言葉を使って減点されることはないと思います。ただ、それ以外の表現は言い換えが必要でしょう。

ここで言い換えのテクニックをご紹介しましょう。
例えば、みなさんは「free of charge」を言い換えるとして、何と言いますか?
まず覚えてほしいのは、「**主語を変える**」「**否定形に直す**」の2つです。この2つのテクニックを使えば、大抵の英語表現はうまく言い換えをすることができます。
例えば、今回の第1段落には「entrance to national museums became free of charge」という一節がありました。
これは「国立の博物館・美術館の入場料が無料になった」という意味なので、「entrance」が主語です。この主語をentrance以外にするとなると、どん

な言葉があるでしょうか?

博物館・美術館に入る人のことを考えると、「人々」を主語にして、「人々が国立の博物館・美術館に無料で行くことができる」という文が考えられますよね。**主語を変えると、文全体がうまく言い換えられるので、このテクニックは非常に使えます。**

その上で、「無料」は「free of charge」ですが、否定形で表現するとどうなるでしょう? 「無料で入れる」という文を、「〜ない」という文で表現したら、どんな風になるでしょうか?

「入館料がかからない」と言うことができますよね。**否定文に直すことで文全体がうまく言い換えられるので、こちらも非常に使い勝手がよいと言えます。** ぜひ活用しましょう。

そう考えると、「entrance to national museums became free of charge」の言い換えは、

> when people enter a national museum, they don't have to pay an entrance fee
> people can enter a national museum with no entrance fee

などが、簡単に思い付くのではないでしょうか。

さて、次に言い換えなければならないのは、第2段落にある次の文ですね。

> People would have the opportunity to experience the large collections of artworks in museums and learn about the country's cultural history.

「主語の言い換え」と「肯定文から否定文の言い換え」の両面を考えてみるのがセオリーですが、今回の場合、否定文にしなくても主語を変えるだけで簡単に言い換えられてしまいます。

まず「People」が元の文の主語ですが、これを別の主語に直すとき、どんなものが挙げられるでしょう?

さきほどの例の逆を考えると、「museum」を主語にすればいいですね。「人々にはこういう機会がある」の逆で、「博物館・美術館は、こういう機会を人々に提供している」という言い方をすればいいわけです。

Museums give/provide a chance of learning art and history.

と言えば、先ほどの文の言い換えになるのではないでしょうか。

もし「入館料が無料になったために」という条件設定を入れたい場合は「because of no entrance fee」なんて入れてもいいと思います。ともあれ、**主語を調整するだけで**、こんなに**簡単に英語で言い換えられる**のです。

このような文章の言い換えテクニックは、5章でさらに詳しく解説しますので、気になった人はぜひそちらも見てください。

さて、最後の第3段落についてお話ししましょう。ここではもう1つの重要テクニックを紹介します。それは「**和文和訳**」のテクニックです。

和文和訳とは、難しい英作文の問題においてよく使われるテクニックです。

英訳する日本語（和文）を、一度簡単に「和訳」して、その和訳を英語に直すというものです。日本語の文章をいきなり英語に訳すのではなく、「英語に訳しやすい日本語」に直してから英語に訳す、という考え方ですね。

例えば、「私はちんぷんかんぷんだ」という日本語を英訳するとしましょう。でも、「ちんぷんかんぷん」なんて、英語にそのまま直訳できないですよね。だから一度、「ちんぷんかんぷん」という日本語を、別の日本語に「和訳」するのです。例えば、「理解できない」とか「難しい」とか、別の日本語を考えることができれば、「I can't understand.」や「It is difficult for me.」など、簡単な英語にすることができます。

これが、和文和訳です。

この和文和訳、実は新英検においてかなり使える有用なテクニックです。

要するに、本文で使われている言葉を、日本語レベルで置き換えてしまえばいいのです。1章で2級の問題を解いたときに使った「**具体→抽象**」というテク

ニックも、和文和訳の一部といえます。

さて、説明はこれくらいにして具体的に問題を見てみましょう。

> 同じ人ばかりが何度も訪れたり、独立した博物館・美術館のお客さんが減ったりするデメリットが発生した（悪影響があった）。

これを和文和訳してみましょう。簡単で、自分が書きやすい日本語に直すのです。そう思って読んでみると、うーん、これだけの日本語だとうまくできません。「同じ人が繰り返し行って何が悪いの?」「独立した博物館・美術館って、何から独立したってこと?」と考えてしまいますよね。

先ほどの「ちんぷんかんぷん」を思い出してください。「ちんぷんかんぷん」を別の日本語に直すとき、どんなふうに言い換えていましたか?　おそらく「ちんぷんかんぷん」を詳しく説明していたのではないでしょうか。「ちんぷんかんぷんの意味はわからないってことだから、理解できないとか、難しいとか、そういうことかな」と考えていったのではないかと思います。

ということで、**具体的に補足説明をすれば、それがそのまま和文和訳になる**のです。

「同じ人が何度も行ったり」「独立した博物館・美術館のお客さんが減ったり」をうまく簡単な言葉に直して、「誰がどうなったという話なのか」を詳しくすればいいわけですね。

「同じ人が繰り返し行く」というのは「博物館・美術館に同じ人ばかりが行ってしまうようになる」というニュアンスですね。これをもっと抽象的に説明すると、「博物館・美術館に新しい人があまり行かない」ということになります。

「独立した博物館・美術館のお客さんが減ったり」というのは、「無料にならなかった博物館・美術館のお客さんが減ってしまった」ということですね。

これで、「新しい人はあまり来なくて、国全体の博物館・美術館のお客さんが減ってしまった」という和文和訳が完成しました。

さて、これを英語に直せばいいのですが、1つ壁があります。「新しい人」って、どう訳しますか?　「new people」では意味が変わってしまいますね。文中の意味は「新しく博物館・美術館に来る人」「いつもは博物館・美術館に行かない人」だったので、「new visitors」つまり「新しいお客さん」とか、

「people who don't usually go to museums」つまり「いつもは博物館・美術館に行かない人」などが考えられますね。
これを踏まえて、第3段落の直訳を和文和訳して

> 同じ人ばかりが何度も訪れたり、独立した博物館・美術館のお客さんが減ったりするデメリットが発生した
> →いつもは博物館・美術館に行かなかった人はあまり訪れず、国立ではない独立した博物館・美術館にはあまり人がいかなかった

英訳して

> People who have never been to an art museum do not go to museums and the number of visitors going to independent museums is decreasing.

となります。
ここまでの話をまとめると、このような解答が得られます。

> In the first paragraph, the writer says that people can now enter national museums in Britain with no entrance fee.
> In the second paragraph, the writer says that national museums are expected to give/provide people a chance of learning art and history by the policy.
> However, in the third paragraph, new visitors do not go to museums and the number of visitors to independent museums is decreasing.

ここまでが英文要約の解法となります。

まとめると、新英検でみなさんに求められる英語力は以下の通りです。

2級
文章全体の流れを摑んで、解答の型に当てはめていく。一定程度はコピー＆ペーストでもいいが、具体と抽象の行き来も必要。

準1級以上
文章全体の流れを摑んで、それを自分で言い換えていく。その際に、主語を変えたり肯定文を否定文にしたり、和文を和訳したりしていく作業が必要。

ここからは、要約と読解、英作文という英文要約のそれぞれのテクニックについて、さらに細かいレッスンをしていきます。

ここまででご説明した通り、要約では様々な英語力を身につける必要があります。そのためのレッスンを、本書ではここから、3つに分けてご紹介していきたいと思います。

まず3章では、「具体→抽象」を考えるための要約のレッスンをみなさんに紹介したいと思います。日本語でも難しい場合のあるこの練習を、どのように積んでいけばいいのか、実際に問題を解いてもらいがら解説します。

次に4章では、「主語と述語」で英語を考えるための英文読解のレッスンを紹介します。この英語のリズムをしっかりと身につけることができれば、英語の文章の「核」を理解できるようになっていきます。これは要約の問題だけでなく、様々な場面で活きるテクニックです。

そして5章では、「言い換え」をするための英作文のレッスンです。同じ表現を使うのではなく、別の表現で英語を伝えたいときにどのようにすればいいのかについて解説しています。

いずれも、ぜひ実際の問題で実践してみてください！

3章 具体→抽象を考える
要約のレッスン

英検2級と準1級で求められる「要約力」について、ここまでの章で解説してきた通り、**英文要約の問題を解くためには、実は英語の能力だけでは対応できません。**

> 「ルームメイトがうるさくて睡眠が取れない」「ルームメイトが協力してくれなくて自分で家をきれいにしなきゃいけない」
> →「ルームシェアにはデメリットがある」「ルームメイトが問題を起こすかもしれない」

というような日本語での「抽象化のレッスン」が、英語力以前に必要なのです。この章では、新英検で問われている抽象化能力をみなさんがマスターできるように解説していきたいと思います。

さて、まずは例題です。

> 「三日坊主」の意味を簡潔に説明せよ。

これは実は、1970年に東京大学の入試で出題された問題です。
実際の問題は「英語で答えなさい」となっていたのですが、この問題に答えられるかどうかは英語能力以前の問題なので、日本語の問題として考えてみましょう。

まず、抽象化ができていない、この問題の有名な「誤答」をお見せしましょう。

> 誤答　続けようと思ったことを、3日間で諦めてしまう人のこと。

この解答は不正解です。抽象化ができていない典型的な例で、1つ明確に間違っているポイントがあるのですが、みなさんは指摘できますか?

この答えのどこが間違いかというと、「言葉通りに解釈しすぎている」点です。例えば、「俺って三日坊主だからさ」と人に言うとき、みなさんはこの意味で使っているでしょうか?

先ほどの説明のままで解釈すると、物事を「3日」でやめてしまうということですよね。2日でも4日でもなく、「3日間」と書いているのですから、3日きっかりでなければなりません。

でも、「俺って三日坊主だからさ」は、「3日」という日数でないといけないわけではありません。1日で終わっても三日坊主ですし、1週間で終わっても三日坊主と言えることが多いですよね。

もっと言えば、「三日坊主」を言葉通りに解釈するなら、本当は「3日間で諦めてしまう男の子」でなければなりません。だって、「三日+坊主」なのですから。

でも、女性でも「私って三日坊主なんだよね」と言いますよね。「三日」や「坊主」がただの比喩表現でしかないと、みんなが了解しているからこそ通じる言い回しなのです。「三日坊主」は、三日でも坊主でなくてもいいのです。

それなのに、「三日坊主」の意味を「三日」に紐づけて考えてしまう人が多かったのがこの問題です。

「三日坊主」は、要するに「継続が苦手である」ことを指します。
なので日数について触れる必要はなくて、強いて入れるなら「短期間で」というくらいでいいと思います。必ずしも「三日」でなくていいのです。
であれば、先ほどの問題は「give up easily（諦めやすい）」「a person with no perseverance（忍耐がない人）」などが正解になるわけですね。

このように、具体的なものを抽象的な表現に変えないと、意味が通じなくなってしまうことは多いです。例えば、「手のひらを返す」というのは、本当に「手のひら」の話をしているのではなく、「急に態度を変える」という意味です。
具体的な言葉を抽象的な言葉に直して解釈する、これこそが要約問題で求めら

れる「要約力」だと言えます。

英訳に工夫のいる日本語表現はいくつもありますので、例をいくつか出しておきます。

手のひらを返す
　　→急に態度を変える
　　→change one's attitude suddenly

顔が広い
　　→知人が多い
　　→know a lot of people

釘を刺す
　　→〜するよう警告する
　　→give a warning to 〜

見切り発車をする
　　→展望を持たないまま始める
　　→start with no prospects

焼け石に水だ
　　→小さすぎて効果がない
　　→too little to be effective

では、ここから実践編です。
実際に英文で出てきた内容を抽象的に理解する訓練をしてみましょう。
次の英文をご覧ください。

2023年　東大英語　要約問題より抜粋

The active sharing of food — not consuming all the food we find on the spot, but carrying some back home and then giving it out systematically — is believed, even nowadays, to lie at the root of what makes us different from animals.

まず文意を理解するのが難しいですね。でも、使えるテクニックがあります。次の4章でご紹介しますが、英文の主語と述語を考えてみるのです。そうすると、

主語　The active sharing of food
述語　is believed

です。

つまり主語は「食料を分け合うこと」、述語は「信じられている」です。「食料を分け合うことは、○○だと信じられている」ということですね。

では、○○の部分を考えてみましょう。「to lie at the root of」というのは難しいですが、「root」とは「根本」のことですね。ということは「根本に横たわっている」ということになります。つまりは「根本的」ですね。

そして「what makes us different from animals」。これは、「動物と我々を分けているもの」。

つまりざっくり訳すと、

　食料を分け合うことは、動物と我々を分けていることだと信じられている。

となります。

さて、これをみなさんはどう解釈しますか？　**具体→抽象**を念頭に置いて考えてみてください。

ヒントは、「我々」です。「動物」と「我々」となっているとき、我々をみなさ

んはどんな風に訳しますか?

動物と相反する概念で、「我々」……。

そう、正解は「人間」です。「動物と人間を分けているもの」と訳すと、うまく意味が通りますよね。

> 食料を分け合うことが、動物と人間を分けていると信じられている。

こうなります。そして、これももう少し短くしてみましょう。

文の内容をもう少し詳しく考えると「動物と人間を分けているのは『食料を分け合う』という行動だ」という意味になります。さらに言うと、「動物の中で、人間だけが、『食料を分け合う』」と解釈できます。

つまりは、こうなります。

> 人間の特徴は、食料を分け合うことだ。

こんなふうに、**要約の際には文を短くしていくことが求められます**。

この「具体→抽象」の訓練をしておくと、要約ができるようになっていきます。

章末に、東京大学の過去問をもとにした問題を4つ用意しました。

ぜひ挑戦してみてください。

【例題1】
次の文の内容を、25文字以内の日本語で要約しなさい。

This can have a serious effect on young adults who very much
need to learn to read actively, critically, and analytically.
（1992年東大英語の要約問題より抜粋）

〈解答欄〉

〈直訳〉
これは積極的・批判的・分析的に読めるようになることをとても強く必要として
いる若者に深刻な影響を与える可能性がある。

〈解答例〉
これで若者はうまく文が読めなくなる可能性がある。

〈要約のポイント〉
・「積極的・批判的・分析的に読む」が難しいが、「うまく読めなくなる」程度
で可。
・「深刻な影響を与える」は「できなくなる」と解釈したい。

【例題2】
次の文の内容を、25文字以内の日本語で要約しなさい。

Not only is it possible to retain close contact with the 'home' community on a daily basis via email and telephone, but it is also possible for people to read the same newspapers as those being read in the community they have left, watch the same television programs on satellite television, or borrow the same films on DVD.
（2012年東大英語の要約問題より抜粋）

〈解答欄〉

〈直訳〉
毎日のように「故郷の」コミュニティとEメール・電話を使って密に連絡を取り合うことができるだけでなく、故郷の人と同じ新聞を読んだり、衛星テレビで同じ番組を見たり、DVDで同じ映画を借りたりすることができる。

〈解答例〉
技術革新によって故郷を離れた人と繋がり続けられる。

〈要約のポイント〉
・「Eメール・電話・衛星テレビ・DVD」などの話が出てきているので、これを「技術革新」と解釈できればOK。
・「緊密に連絡を取り合う・同じことができる」などの話が出てきているので、これを「繋がり続けられる」と解釈できればOK。

【例題3】
次の文の内容を、30文字以内の日本語で要約しなさい。

Archaeologists now think that agriculture might not have be-
gun just by accident. Instead, it might have begun because
early humans did some scientific research.
（1997年東大英語の要約問題より抜粋）

〈解答欄〉

〈直訳〉
現在、考古学者たちは、「農耕は単なる偶然によって発祥したのではない可能
性がある」と考えている。その代わりに、「農耕はかつての人類がある種の科学
的研究を行った結果、始まったのかもしれない」と（考えている）。

〈解答例〉
農耕は偶然始まったのではなく、研究によって生み出された。

〈別解〉
農耕は偶然始まったのではなく、人類が作り出したものだ。

〈要約のポイント〉
・農耕の始まりについての文章なので、それが人の手によって作り出されたもの
であることを要約できていればOK。
・2文がほとんど同じことを言っているので、1つにまとめるのも可。

【例題4】

次の文の内容を、30文字以内の日本語で要約しなさい。

For example, any sea anemone knows what is edible and what is not. It will grasp food with its tentacles and cram it into its mouth. It will reject inedible objects and close up when poked. A sea anemone does not learn to do these things; these responses are built in from the outset and they are unaltered by individual experience. You cannot teach anything to a sea anemone; it just does not learn.

※sea anemone:イソギンチャク　tentacle:触手
（1985年東大英語の要約問題より抜粋）

〈解答欄〉

〈直訳〉

例えば、すべてのイソギンチャクは、食べられるものと食べられないものを知っている。イソギンチャクはエサを触手で掴んで口に押し込む。口は食べられないものは拒絶して、それがつつかれたら、閉じるようになっている。イソギンチャクはこういうことを学習によって行うわけではない。こういう反応は生まれつき備わっていて、個々の経験によって変更されることはない。イソギンチャクに何かを教える事はできない。イソギンチャクは絶対に学習したりはしない。

〈解答例〉

動物は先天的に行動が決まっており、学習することはない。

〈要約のポイント〉

・「食べられるものと食べられないものを知っている」ということを、「先天的に行動が決まっていて学習ではない」という話に繋げていくことができればOK。

・「生まれつき」を「先天的に行動が決まっている」と解釈できればOK。

・「イソギンチャクに何かを教えることはできない。イソギンチャクは絶対に学習したりはしないのである。」は、簡単に、「動物は学ばない」と言い換えたい。この時、「イソギンチャク」を「動物」と解釈していれば可。

4章 主語と述語だけで文意を理解する 英文読解のレッスン

4章では、英文をしっかり読むためのテクニックを解説します。

まず最初にみなさんに説明したいのは、英語を読解する上でも作文をする上でも必要になってくる「英語のルール」です。

みなさんは、そもそも日本語と英語にはどんな違いがあると思いますか？

英語では結論を先に言うとか、発音が大きく異なるとか、いろんな違いが挙げられると思うのですが、最大の違いは「**英語には助詞がない**」ということです。実は、助詞については日本語のほうが特殊で、助詞がある言語の方が世界的に見ると少ないくらいです。

助詞があることによって、日本語は単語の順番に厳密な決まりがありません。例えば「私は彼を愛している」と言っても、「彼を私は愛している」と言い換えても、変わらずに意味は通じますよね？

英語だと、私「は」に当たる部分や、彼「を」にあたる部分がありません。「私　彼　愛している」というような、助詞が存在しない世界なのです。ですから、順番のルールがないと、「彼が私を愛しているのか、私が彼を愛しているのか」がわからなくなってしまうわけです。

それを防止するために存在するのが、文型です。SV／SVC／SVO／SVOO／SVOCの5つの文型が存在しています。逆に言えば、この形にあてはまらない英文は基本的には存在していない、と習った人もいるでしょう。要するに順番のルールを決めることで、意味を理解しやすくしているわけです。そして、どの文型でもSV＝「主語+述語」が最初に来るのは変わりません。

英語の5文型

SV	主語+述語（動詞）
SVC	主語+述語+補語
SVO	主語+述語+目的語

SVOO　主語＋述語＋目的語＋目的語
SVOC　主語＋述語＋目的語＋補語

英語は、必ず主語＋述語で始まります。「誰が」「どうする」という風に考えて
いくのが英語なのだと言えます。

「I」「think」、「You」「run」など、まずは主語である「誰が」が来て、次
にその人が「どうする」を考えていくのが英語という言語です。「I love him」
と順番が固定されているから、「私　愛している　彼」が「私が、愛している、
彼を、ってことなんだな」と理解できるようになるわけです。

> 主語：その行為をする主体のこと。私、彼、彼女など。
> 　　　基本的に、名詞（代名詞、動名詞を含む）がなることができる。
>
> 述語：主語が行う、行動を示す動詞のこと。会う、話す、考えるなど。
> 　　　基本的に、品詞の中で、動詞しかなることができない。

英語の文章を読むときには、真っ先に「主語と述語」を探すようにしましょう。
この2つをしっかり把握できれば、そこを中心に文章を読んでいけばいいわけ
です。

主語と述語がわかれば、大体の英文の方向性は理解できます。特に要約の問
題は、細かい読解ができていなかったとしても「大雑把にこういうことでしょ」
と方向がわかれば解ける問題ばかりなので、実はこのテクニックと相性が良い
のです。

例を挙げましょう。この英文を見てください。

> I read an article which is written by an eminent writer.

もしみなさんが、「article」や「eminent」など、難しい単語の意味を忘
れてしまったとしても、この文が大体何を伝えたいのかは簡単に理解できると
思います。

だって、「I read」って書いていますから、「私は何かを読んでいる」ということはすぐにわかるはずです。で、「読む」と言われたら、読むものなんて本とかニュース記事とか、そのくらいしか目的語になりえません。要するに「私は何かを読んでいる」んだな、ということはパッと理解できるわけです。

主語と述語を理解するとはこういうことです。主語である「I」と、述語である「read」だけを読解すれば、大体の意味がわかり、大筋の流れがわかるわけです。このようにして文章を理解することで、読むスピードは上がっていきます。

さて、ちょっとした訓練です。みなさんは次の文の中で、主語と述語はどれかわかりますか?

> People, regardless of their education or income, would have the opportunity to experience the large collections of artworks in museums and learn about the country's cultural history.

この文、見覚えがある方もいらっしゃるかもしれません。本書の2章で出題された長文の中の1文です。

英検において、このように主語と述語がわかりにくく書かれている場合は多いです。そしてその中で一番よく出題されるのが、このように「,」を使って挿入するものです。「A, ～～, B」となっているときに、この「, ～～,」の部分は挿入句といって、「著者が『なくても文章は成立するけれど、念のため言っておいた方が良いかな』と感じた内容」を入れるものです。日本語で表現するなら、「花子さんはね、あ『花子さん』っていうのは僕のお兄さんの彼女なんだけど、あそこの大学に通っているらしいんだよね」と言った時の「、あ『花子さん』っていうのは僕のお兄さんの彼女なんだけど、」が挿入句です。

この挿入句を取り払って考えれば、「People」が主語、その後の「would have」が述語で、つまりは、「人々は、○○を持つだろう」という文だということがわかります。すぐ後ろに「the opportunity」と書いてあるので、「人々は、機会を持つだろう」というニュアンスは簡単に汲み取れます。

2章をお読みになった方に向けてもう少し詳しい話をすると、以前の内容からこ

の段落が「博物館・美術館が入場料無料になったメリット」を語るものだと分かっていたので、「博物館・美術館が入場料無料になって、人々はこういう機会を持つだろう」という内容が書いてあるのだと理解できると思います。

このようにして主語と述語を起点にして考えていくことができれば、要約問題の読解はかなり簡単になっていくと言えるでしょう。

3章で扱った問題も、挿入句を一旦無視して主語と述語に注目すれば簡単に文意を読み取ることができます。

> 2023年　東大英語　要約問題より抜粋（再掲）
>
> The active sharing of food — not consuming all the food we find on the spot, but carrying some back home and then giving it out systematically — is believed, even nowadays, to lie at the root of what makes us different from animals.

この問題では、主語と述語の間にある「— not consuming all the food we find on the spot, but carrying some back home and then giving it out systematically —」が挿入句ですね。

これを一度スルーすると、

> 主語　The active sharing of food　食料を分け合う行為
> 述語　is believed　信じられている

であるとわかります。そして、この2つが理解できれば、他の内容は一旦スルーしても「食料を分け合う行為は○○だと信じられている」という構造が見え、「残りの○○の部分がわかれば文全体の意味がわかるはず！」と、考えるべきことがわかります。

ちなみに、この「——」の中を訳すと「私たちが見つけた食料をその場で全て消費するのではなく、一部を持ち帰ってシステマティックに配分すること」となります。つまり、「食料を分け合う行為」の説明をしてくれているわけですね。

この説明は、以前の内容をうまく説明してくれていることもありますが、「要約をしよう」と考えるときには、深く追わないほうがよいこともあります。要約は「短く言いまとめる行為」なのに、詳しい説明を理解しても逆効果で、詳しい内容は解答に入れられないことが多いからです。ですので、詳細説明は読解の時点で遠慮なく切ってしまいましょう。

最後にもう1問だけ見てこの章を終わりにしましょう。

> When I went to the toilet at school yesterday afternoon, I saw Tom, and he was wearing a green jacket.

この文には**主語と述語が3組**存在しています。「I went」「I saw」「he was putting on」です。「3組もあるとわかりにくい！」と思うかもしれませんが、そんなことはありません。そのまま順番に考えていけばいいのです。そのまま日本語に訳すと、「私はどこかに行った」「私は何かを見た（誰かと会った）」「彼は着ていた」となりますよね。これだけで、どんなことが起こったのかは大体想像が付くと思います。どんな服を着ているところだったのか、いつ会ったのか、と言った細かい情報はありますが、一旦そういう細かいことは抜きにして、文章をサクサク読んでいくことができるはずです。確かに読解の問題では、そこが解答の根拠になっていて、細かく読んでいく必要があるときもあるかもしれず、そのときにはそういう細かい情報も重要かもしれませんが、それならまた戻ってきて読めばいいだけのことです。重要なのは、問題の大筋を理解することです。要約問題では特にそれが重要であり、だからこそ、主語と述語をピックアップして読解していく方法が有効なのだと言えます。

このようにして、**主語と述語以外を読み飛ばしても文章の概要は推測できる**ので、時間がない時は不要な部分をスキップしながら読んでもいいのです。
英検の時間短縮テクニックとしてぜひお使いください。

5章 英語の言い換え方を学ぶ
英作文のレッスン

英語の言い換え方を学ぶ　英作文のレッスン

> 英作文テクニック1　主語と述語を考える

最後となる本章では、英語で作文する上で役立つテクニックをお話ししたいと思います。3つのテクニックをご紹介しますが、まずは4章の「主語と述語に着目する方法」に関連したテクニックです。

例えば、みなさんは「私はうなぎだ」という言葉をどう解釈しますか？　おそらく「吾輩は猫である」のように「私＝うなぎ」という主張と捉える人と、お店に入って「ご注文は？」と聞かれ、「私の注文はうなぎだ」と解答した状況を想定した人の、2種類がいると思います。

この話からわかることは、日本語の「は」と英語のbe動詞の違いです。

日本語でよく「私は」と使いますが、be動詞と「は」は全然違います。英語のbe動詞は「＝」を指しますが、日本語の「は」は一般に主語を示すだけで、根本的に別物なのです。「私はうなぎだ」は、「I am Unagi」になる場合もありますが、「I order Unagi」という表現になる場合もあるのです。be動詞でこんなことはありません。

日本語を英語に訳すときには、日本語を「一般動詞」でどう言えるのかを考えることがおすすめです。もっと具体的には、日本語では名詞になっている物事を、簡単な動詞に直してみるのです。

2章で「私はちんぷんかんぷんだ」という日本語をどう英訳するかを考えました。そのときは、「ちんぷんかんぷん」という言葉を「わからない」という動詞だと捉えて、「I don't understand」「I can't understand」と訳しました。では、「にわか雨でびしょ濡れになった」という文はどう訳しますか？

「にわか雨」はなかなか英訳が難しい名詞ですね。英語にする前にまず、簡

単な動詞に直してみてください。

要するに、雨が降ってきたということですよね？　雨が降るのは、英語だと動詞で「rain」です。ということは、「It rained」が根幹にあるはずです。

さらに、「にわか雨」を説明してみましょう。「にわか雨」とは、「突然、雨が降り始めること」を指します。つまりは「begin to rain」と訳せばいいわけです。

ここに「突然」を示す「suddenly」を入れれば「It begins to rain suddenly」で、「にわか雨が降る」になります。

さらに、「びしょ濡れになった」を考えてみましょう。「I am びしょ濡れ」で考えてはいけません。「びしょ濡れ」という名詞を動詞に直してみましょう。

「濡れる」を示す動詞ってなんだろう、と思うかもしれませんが、英語ではいくつかの動詞を日本語よりも広い意味で用いることができます。

例えば、ここでは「get」を使いましょう。「get」は、「得る」「手に入れる」以外にも、「get wet」で「濡れる」になったり、「get ready」で「準備する」だったり、「get back」で「（家などに）戻る」だったりと、副詞と組み合わせて広く使うことができます。ですので、ここでも「I get wet」で「びしょ濡れになる」を表せます。

ということで、「にわか雨でびしょ濡れになった」は、「I got wet because it began to rain suddenly.」となるわけですね。

このようにして、主語と動詞の関係をうまく活用すると、上手な英作文ができるようになります。

> 英作文テクニック2　主語を変える

2章で見た通り、英検準1級以上の問題では、「文章中の英文を自分の言葉で言い換える」という作業が求められるようになっていました。そのときに使えるのが、「主語を変える」というテクニックです。これは、そのままでは訳しにくい日本語を英訳するときにも活用できます。

例えば、「国立博物館・美術館の入場料が無料になった」という文を、主語を入れ替えて「人々は無料で国立博物館・美術館に入場できるようになった」

と言い換えることができます。

また、4章でお話しした主語と述語のテクニックを用いると、「国立博物館・美術館が入場料無料になった」という内容に、別の主語を補って考えるということもできるはずです。これを、「政府は、国立博物館・美術館の入場を無料にした」と表現しても、文全体を同じ内容のまま言い換えられたことになります。このことを英語で示すとこうなります。

> Entrance to national museums became free of charge.
> →People can now enter national museums with no entrance fee.
> →The government made admission to national museums free.

このように主語を変えるだけで文が変わるのです。

一番有名な主語の変更は、能動態と受動態の変更ですね。

> I love the man.
> →The man was loved by me.

のように、能動態で書かれているものを受動態に直すのは1つの基本的なテクニックです。

ですが、意外とこの「能動態と受動態の変更」は状況が限定されていて使いにくいです。「I saw the man.」を「The man was seen by me.」と受動態にすると、「彼は私に会われた」となりますが、これはおかしいですよね。**単純に主語と目的語を入れ替えるだけで自然な受動態にできる英語表現は、実は少ないのです。**

ですから、もっと単純に、「主語を何か他の単語にできないかな」と考えるのがおすすめです。「I saw the man.」であれば、わざわざ受動態を使わなくても、「The man saw me.」で十分書き換えることができていますよね。このように、主語を変えた上でどんな動詞をつければいいかと考えるのが、別の

英語表現で表すヒントになります。

少し例題に挑戦してみましょう。
例えば、「この本は多くの人から気に入られている」という文を英訳するとします。
この時、ぱっと見て主語になりそうなのはどの名詞ですか?
「この本」ですよね。
「This bookが気に入られている」という受動態の文を作るべきなのではないか、と考える人が多いでしょう。そして、「気に入られている、ってどう言えばいいんだっけ……」と頭を悩ませるはずです。
でも、この文は主語を変えるだけで簡単に英訳できます。
そう、「多くの人」に注目するのです。この「多くの人」を主語にして、文を考えてみましょう。
「Many people」が、「この本」を、「気に入っている」
という文が見えてきますよね。
そして、「多くの人が気に入った」というのは、簡単に言うと、「多くの人がその本のことを好きだ」ってことですよね。

> この本は多くの人から気に入られている
> 　　→Many people like this book.

でいいんです。めちゃくちゃ簡単で、絶対に間違いのない英訳になりましたよね。このように、主語を変えてみるだけで簡単に英文にできるのです。

また、**主語がわかりにくい文章を英訳するとき、こちらで主語を補ってしまう**という方法もあります。
例えば、「新プロジェクトの提案会があった」を英語にするとします。「ある」や「ない」は基本的に「There is/There are」で表現する、と覚えている人もいるかもしれませんが、それだとこの文はかなり訳すのが難しくなってしまいます。それに、「物理的に何かが存在する」ことと、「会が開催された」というのは、ちょっと意味が違ってきます。

そこで、主語を補いながら「新プロジェクトの提案会があった」を訳してみます。「プロジェクトの提案」を行った主語が何なのか考えてみましょう。もし前後の文脈から、これは「会社」が行ったものだとわかれば、答えは簡単です。「提案会」という名詞をわざわざ使わなくても、「会社が新しいプロジェクトを提案した」で内容を十分に言い表せているので、「The company proposed a new project.」で終わりですね。

難しそうに見えたかもしれませんが、主語を補えば実際はこんなに簡単に英訳できてしまいます。

1章で扱ったルームシェアについての文章を題材に、復習してみましょう。

「ルームシェアには多くのメリットがある」という文も、直感的には「There is ～」という構文で書くことを思いつくでしょうが、これも実は別の書き方のほうが簡単です。もとの文の主語・述語が「メリットがある」だからと言って「メリット」を主語にするのではなく、別の主語を補って考えてみましょう。

「ルームシェア」と言いますが、メリットがあるのは厳密には「ルームシェアをする人」にとってですよね。であれば、「ルームシェアをする人」を主語として考えていくとわかりやすいです。「人」は「people」で表すとして、「ルームシェアをする」は関係代名詞や前置詞を使って説明すればいいでしょう。「people who live with roommates」みたいな感じですね。

そして、その人たちが多くのメリットを持っているということですから、「People who live with roommates have a lot of benefits.」という表現で英訳できるわけです。

主語が定まれば、自ずと述語も定まります。いろんな主語を考えて、一番書きやすい主語+述語で英訳を考えていけばいいのです。

さて、次の問題です。

「物事は、思い通りにはいかないものだ」を英訳するとどうなるでしょう?

最初に思いつくのは、「物事」を主語にすることでしょう。

そうすると、「Things don't go the way people expect.」でしょうか。

でも、これだけが正解ではありません。

例えば「人々」を主語にして考えてみましょう。「people」を主語にした場合、述語になるのはなんでしょうか?

「思い通り」というのは、「予期した通り」ということになりますから、「人々は、物事がどう進むか予想できない」とすればいいのです。

「People can't predict how things will go.」としても、文句なく正解です。簡単な英語だけで間違いなく英訳することができました。

このように、「主語」を何にするかを考えるのが英訳のキーポイントです。

ここまで見てきた3パターンの具体例をまとめましたので、復習してみてください。

主語を入れ替える表現のパターン1 受動態

She found the lost keys.
彼女はなくした鍵を見つけた。
　　→The lost keys were found by her.
　　　なくした鍵は彼女によって見つけられた。

The company launched a new product.
その会社は新しい製品を売り出した。
　　→A new product was launched by the company.
　　　新しい製品がその会社によって売り出された。

主語を入れ替える表現のパターン2 使役動詞

The tree became healthy because of watering.
水やりによってその木は元気になった。
　　→Watering made the tree healthy.
　　　水やりがその木を元気にした。

I washed the dishes at his request.
私は彼に頼まれて皿を洗った。

→He asked me to wash the dishes.

彼は私に皿を洗うよう頼んだ。

主語を入れ替える表現のパターン3　対になる動詞

The company offered him a job.

その会社は彼に仕事を与えた。

　　→He got a job at the company.

　　　彼はその会社で仕事を得た。

I borrowed the book from Mary.

私はメアリーからその本を借りた。

　　→Mary lent me the book.

　　　メアリーはその本を私に貸した。

英作文テクニック3　肯定と否定を入れ替える

3つ目のテクニックは「肯定と否定を入れ替える」です。肯定的に書かれた文を否定文に直すことで、同じ意味の英文を作るのです。日本語でも、「みんな知っている」ということを表すために、「知らない人はいない」と表現することがありますよね。

これは英語でも同様で、肯定文の「Everyone knows ~.」を否定文で書き換えると「There isn't anyone who doesn't know ~.」となります。大きく表現が変わりましたが、同じ意味になります。

また、英語では、名詞に「no」を付けることで肯定文でも否定の意味を表すことができます。「There is no one who doesn't know ~.」と書くと、一見肯定文であっても、「知らない人はいない」という否定の意味を表す文になります。

Everyone knows ~.

誰もが知っている（肯定文）

例えば「We all want peace.」＝みんな平和を望んでいる、という表現は、「Nobody wants war.」＝戦争を望んでいる人はいない、と表現することもできます。このように、「Aだ」という内容を「Bではない」という表現で表すような、**肯定と否定の入れ替えも英作文にとても役立ちます。**

「博物館・美術館の入場料が無料になった」を例に考えてみましょう。これは肯定文なので、否定文に直してみるのです。先ほどは「人々」を主語にして考えてみようという話をして、「People can now enter national museums with no entrance fee.」という言い換えを紹介しました。今度は「人々」を主語にして、否定文を作ってみましょう。

入場料が無料だということは、別の表現をすれば「お金を払わなくても入場できる」ということです。そうすると、「People don't have to pay an entrance fee to enter national museums.」となります。

「Many people like this book.」＝この本は多くの人に気に入られている、という文章も、これと同じ要領で書き換えられます。ここで注意する必要があるのは、「No one」や「Nobody」にすることはできないということです。「多くの人」と書いてありますから、「評価していない人が1人もいない」というわけではなく、そうすると誤りになってしまうのです。

そういうときは「few」（ほとんど〜ない）を使いましょう。fewは、no oneやnobodyと同様に否定のニュアンスを含んでいて、1単語で「ほとんどない」という意味になります。注意点としては、「a few」になると「少しはある」という肯定的な意味合いになるので、気をつけながら使うようにしましょう。この言い換えの答えは「Few people dislike this book.」という感じですね。

もうひとつの注意点として、「Few people don't like this book.」と書い

てしまうと、英文として不自然です。fewはあくまでも肯定文の中で使う言葉で、否定のfewと否定文を掛け合わせてプラスの意味の英文にする、というのは避けた方がいいのです。

こういうときのために、**肯定文の中で否定のニュアンスを表現できる言葉、対義語を押さえておくといいでしょう。ここでは、「like」=好む、の反対は「dis-like」=嫌い、です。dislikeを使うことで簡単に言い換えることができました。肯定と否定を変更して言い換えをするためには、このような肯定の言葉と否定の言葉をセットで覚える必要があるわけですね。**

章末に、よく使う肯定⇄否定の表現を一覧にしておきましたので、次のページの一覧をぜひ頭に入れておいてください。

ここまでの内容をマスターした方は、ぜひ付録として用意した新英検の予想問題にも挑戦してみましょう！

【肯定文で使える否定のニュアンスを持つ単語】

no one　誰も〜ない
「昨晩のパーティには誰も来なかった」を肯定文で
No one came to the party last night.

none　何も〜ない、誰も〜ない
「この難しい試験に合格した生徒はいない」を肯定文で
None of the students passed this difficult exam.

nobody　誰も〜ない
「渋滞に巻き込まれるのが好きな人はいない」を肯定文で
Nobody likes to be stuck in traffic.

nothing　何も〜ない
「彼は彼女について何も言わなかった」を肯定文で
He said nothing about her.

neither A nor B　AもBも〜ない（否定の接続詞）
「私はコーヒーも紅茶も好きではない」を肯定文で
I like neither coffee nor tea.

unless「〜でなければ」
few「少数の、ほとんど〜ない」
little「少しの、ほとんど〜ない」
rarely「めったに〜ない」
seldom「めったに〜ない」
scarcely「ほとんど〜ない」
hardly「ほとんど〜ない」
barely「ほとんど〜ない」

【接頭辞のついた形容詞】

un-
uncertain　不確かな
unhappy　不幸な
unnecessary　不必要な

im-
imperfect　不完全な
impolite　礼儀正しくない
impossible　不可能な

ir-
irrational　不合理な
irregular　不規則な
irresponsible　無責任な

付録　新英検予想問題

予想問題1

以下の文章の内容を45〜55語の英語で要約しなさい。

　　　The digital age has ushered in a profound transformation in the way we communicate, work, and live. With the advent of the internet and the proliferation of smartphones, our daily lives have become intricately connected to technology. This digital revolution has brought both unprecedented opportunities and significant challenges.

　　　One of the most notable benefits of the digital age is the accessibility of information. The internet has democratized knowledge, allowing people worldwide to access vast amounts of information with a few clicks. Additionally, technology has revolutionized industries, such as e-commerce, healthcare, and education, offering innovative solutions and improving efficiency.

　　　However, the digital age also presents challenges, including concerns about data privacy, cybersecurity, and the digital divide. Striking a balance between the benefits and risks of technology is crucial. As we navigate this digital era, it's essential to prioritize ethical considerations, promote digital literacy, and ensure equitable access to the opportunities that technology provides for a more inclusive and interconnected world.

〈解答欄〉

解答例

> The digital age transformed our lives through the internet and smartphones, offering opportunities and challenges. Access to information globally, industry innovation, and efficiency improved. Yet, challenges like data privacy, cybersecurity, and the digital divide must be addressed for an inclusive, interconnected world.

要約の和訳

> デジタル時代はインターネットとスマートフォンを通じて私たちの生活を変革し、機会と課題をもたらしました。世界中の情報へのアクセス、業界の革新、効率が向上しました。しかし、包括的で相互接続された世界のためには、データプライバシー、サイバーセキュリティ、デジタルディバイドなどの課題に対処する必要があります。

解説

オーソドックスに第1段落で話題の導入があり、第2段落でメリット、第3段落でデメリットに触れる文章でしたね。第1段落で「機会と重大な課題の両方をもたらした」と言っていて、その通りに第2段落では機会・第3段落では課題について触れられています。このポイントを整理すれば答えになります。

問題文全訳

デジタル時代は、私たちのコミュニケーション、仕事、生活の方法に大きな変革をもたらしました。インターネットの出現とスマートフォンの普及により、私たちの日常生活はテクノロジーと密接に結びついています。このデジタル革命は、前例のない機会と重大な課題の両方をもたらしました。

デジタル時代の最も注目すべき利点の1つは、情報へのアクセスのしやすさです。インターネットにより知識が民主化され、世界中の人々が数回クリックするだけで膨大な量の情報にアクセスできるようになりました。さらに、テクノロジーは電子商取引、ヘルスケア、教育などの業界に革命をもたらし、革新的なソリューションを提供し、効率を向上させました。

しかし、デジタル時代には、データプライバシー、サイバーセキュリティ、デジタルデバイドなどの懸念もあります。テクノロジーの利点とリスクのバランスをとることが重要です。このデジタル時代を乗り切るにあたっては、倫理的配慮を優先し、デジタルリテラシーを促進し、より包括的で相互接続された世界のためにテクノロジーが提供する機会への公平なアクセスを確保することが不可欠です。

予想問題2

以下の文章の内容を45〜55語の英語で要約しなさい。

    In today's rapidly changing world, the importance of education cannot be overstated. Education serves as the foundation for personal growth, professional success, and societal progress. It empowers individuals with knowledge and skills that enable them to adapt to new challenges and contribute to the betterment of their communities.

    Education encompasses a broad spectrum of formal and informal learning experiences, from traditional classroom settings to online platforms and practical hands-on training. It not only imparts academic knowledge but also fosters critical thinking, creativity, and problem-solving abilities. Moreover, education plays a pivotal role in promoting social cohesion and cultural diversity.

    In conclusion, education is a powerful tool that has the potential to transform lives and societies. It is a fundamental human right that should be accessible to all, regardless of their background or circumstances. As we face the challenges of the 21st century, investing in quality education, lifelong learning opportunities, and educational equity is essential for building a more inclusive, innovative, and prosperous world for future generations.

〈解答欄〉

解答例

Education is essential in our rapidly changing world, empowering individuals with knowledge and skills for personal, professional, and societal advancement. It fosters critical thinking, creativity, and social cohesion while promoting diversity. Education is a fundamental human right that should be accessible to all, crucial for building an inclusive, innovative, and prosperous future.

要約の和訳

教育は急速に変化する世界において不可欠であり、個人、職業、社会の進歩のための知識とスキルを個人に与えます。多様性を促進しながら、批判的思考、創造性、社会的一体性を養います。教育は基本的人権であり、すべての人がアクセスできるべきであり、包括的で革新的で豊かな未来を築くために非常に重要です。

解説

教育についての出題はかなり多いですので、慣れておきましょう。ただ今回は、メリット・デメリットで論旨を整理するものではなかったので、難しかったかもしれません。

とはいえ、2級の問題は模範解答のように、問題文で使われている言い回しをそのまま持ってきても大丈夫です。重要だと思う部分をしっかりと書き写すことが得点につながります。

ちなみに、「結論として（In conclusion）」の後に続く内容を答案の最初に書いてしまうのはおすすめしません。というのも、第1段落から第3段落までの全体の流れをしっかり要約できているかどうかが採点されるので、最初に結論を持ってくると、後の流れがぐちゃぐちゃになってしまうことがあるからです。

問題文全訳

今日の急速に変化する世界において、教育の重要性はどれだけ強調してもしすぎることはありません。教育は、個人の成長、職業上の成功、社会の進歩の基盤として機能します。これにより、個人が新たな課題に適応し、コミュニティの改善に貢献できる知識とスキルを身につけることができます。

教育には、従来の教室環境からオンラインプラットフォームや実践的な実践トレーニングに至るまで、公式および非公式の幅広い学習体験が含まれます。学術的な知識を与えるだけでなく、批判的思考、創造性、問題解決能力も養います。さらに、教育は社会的一体性と文化的多様性を促進する上で極めて重要な役割を果たします。

結論として、教育は人生と社会を変える可能性を秘めた強力なツールです。これは、背景や状況に関係なく、すべての人がアクセスできるべき基本的人権です。私たちが21世紀の課題に直面する中、将来の世代のために、より包括的で革新的で豊かな世界を構築するには、質の高い教育、生涯学習の機会、教育の公平性への投資が不可欠です。

予想問題1

以下の文章の内容を60〜70語の英語で要約しなさい。

　　　The rapid advancement of technology in recent decades has profoundly transformed our daily lives. The proliferation of smartphones, the internet's ubiquity, and the integration of artificial intelligence have ushered in a new era characterized by unprecedented convenience and connectivity. As these innovations continue to shape our world, it is essential to examine their impact on various aspects of society.

　　　One notable consequence of technological progress is its influence on the job market. Automation and artificial intelligence have led to concerns about job displacement and the future of work. While these technologies have the potential to enhance productivity and create new job opportunities, they also pose challenges for workers who may need to acquire new skills to remain relevant in the workforce. Striking a balance between technological advancement and workforce adaptation is a critical task for policymakers and businesses alike.

　　　In conclusion, the ongoing technological revolution has far-reaching implications for our society. It offers exciting possibilities for innovation and efficiency while raising important questions about job security and the distribution of benefits. As we navigate this digital age, it is crucial to invest in education and training to equip individuals with the skills needed for the jobs of tomorrow. Moreover, thoughtful policies and ethical considerations are necessary to ensure that technology serves as a force for positive change rather than exacerbating existing inequalities.

〈解答欄〉

解答例

Recent technological advancements, like smartphones, the internet, and AI, have revolutionized daily life with convenience and connectivity. However, they also affect jobs, raising concerns about displacement and skill adaptation. Policymakers and businesses must balance tech progress and workforce needs. This tech revolution brings innovation and efficiency but requires investment in education and ethical policies to address job security and inequality in this digital age.

要約の和訳

スマートフォン、インターネット、AIなどの近年のテクノロジーの進歩は、利便性と接続性によって日常生活に革命をもたらしました。しかし、それらは仕事にも影響を与え、離職やスキルの適応に関する懸念を引き起こしています。政策立案者と企業は、テクノロジーの進歩と労働力のニーズのバランスを取る必要があります。このテクノロジー革命はイノベーションと効率性をもたらしますが、このデジタル時代における雇用の安全と不平等に対処するためには、教育と倫理政策への投資が必要です。

解説

テクノロジー系の文章はよく出題されるので、こういうテーマにも慣れておきましょう。

第1段落の最後で、「さまざまな側面を調査することが不可欠です」と書かれています。ということは、メリットとデメリットの両方があることは簡単に想像できますね。

そして第2段落では「while」という単語があって、「労働者にとっては課題」だと述べられています。ということは、まずマイナスの側面に触れられていると読みとれます。この文章、ちょっと難しいのは、「デメリット」のあとに単純な「メリット」が登場しないところです。「デメリットもあるけれど、こういうことを意識して乗り越えよう」という言い方になっているのです。

広く言えばプラスですが、簡単に「メリット」「デメリット」で片付けられることではないので、ここを理解できるかがポイントになる問題でした。

問題文全訳

ここ数十年のテクノロジーの急速な進歩により、私たちの日常生活は大きく変わりました。スマートフォンの普及、インターネットの普及、人工知能の統合により、前例のない利便性と接続性を特徴とする新時代が到来しました。これらのイノベーションが私たちの世界を形作り続けているため、社会のさまざまな側面に対するそれらの影響を調査することが不可欠です。

技術進歩の注目すべき結果の1つは雇用市場への影響です。自動化と人工知能は、雇用の喪失と仕事の将来についての懸念を引き起こしています。これらのテクノロジーは生産性を向上させ、新たな雇用機会を生み出す可能性を秘めていますが、職場での地位を維持するために新しいスキルを習得する必要がある労働者にとっては課題も突きつけています。テクノロジーの進歩と労働力の適応の間のバランスを取ることは、政策立案者にとっても企業にとっても同様に重要な課題です。

結論として、現在進行中の技術革新により、私たちの社会に広範な影響を及ぼします。それは、雇用の安全と福利厚生の分配に関する重要な疑問を提起する

と同時に、イノベーションと効率性の刺激的な可能性を提供します。このデジタル時代を乗り越えるにあたり、将来の仕事に必要なスキルを個人に提供するための教育とトレーニングに投資することが極めて重要です。さらに、テクノロジーが既存の不平等を悪化させるのではなく、前向きな変化をもたらす力として機能するように、思慮深い政策と倫理的配慮が必要です。

以下の文章の内容を60〜70語の英語で要約しなさい。

Climate change is an urgent global issue that demands our immediate attention. Over the past century, human activities, particularly the burning of fossil fuels, deforestation, and industrial processes, have released unprecedented levels of greenhouse gases into the atmosphere. These gases trap heat, leading to rising global temperatures, melting ice caps, extreme weather events, and other harmful effects. Addressing climate change is not just an environmental concern; it's a matter of social, economic, and political importance.

Mitigating climate change requires a multifaceted approach. Transitioning to renewable energy sources, such as wind and solar power, is crucial to reduce carbon emissions. Additionally, enhancing energy efficiency in industries, transportation, and buildings can make a significant impact. Protecting and restoring forests and other natural ecosystems also play a vital role in sequestering carbon dioxide. Moreover, international cooperation and policy initiatives are essential to set emission reduction targets and promote sustainable practices.

In conclusion, the consequences of climate change are already evident, and the window of opportunity to combat it is narrowing. Urgent action is required from individuals, businesses, and governments worldwide. Transitioning to a low-carbon economy, conserving natural resources, and promoting sustainable practices are key steps. By collectively addressing climate change, we can mitigate its most devastating effects and ensure a healthier, more sustainable future for generations to come.

〈解答欄〉

解答例

Climate change is driven by human activities like burning fos-
sil fuels, emits greenhouse gases, causing rising tempera-
tures and severe effects. Addressing it is not just an environ-
mental issue but also a social, economic, and political one.
Solving climate change requires transitioning to renewables,
boosting energy efficiency, protecting forests, global cooper-
ation, and policies. Urgent action is vital for a sustainable fu-
ture.

要約の和訳

化石燃料の燃焼などの人間の活動によって引き起こされる気候変動は、温室効
果ガスを排出し、気温の上昇と深刻な影響を引き起こします。この問題への取
り組みは、環境問題だけでなく、社会、経済、政治の問題でもあります。気候
変動を解決するには、再生可能エネルギーへの移行、エネルギー効率の向上、
森林の保護、世界的な協力、政策が必要です。持続可能な未来のためには、早
急な行動が不可欠です。

解説

環境系の文章も英検でよく出題されます。そして今回は、メリット・デメリットという枠組みではうまく説明できない文章でした。

最初の段落で「気候変動は単なる環境問題ではない」と述べ、第2段落で「多面的なアプローチが必要」と続き、最後の段落では「連帯することの重要性」について説かれています。メッセージが一貫しているので、書きやすい一方で、どこまで具体的に書いていいのか、どう抽象化すればいいのかと悩ませてくる文章です。

でも、基本に忠実に考えれば解ける問題でもあります。「段落の最初と最後に重要なところがある」という基本に忠実に考えてみましょう。第1段落の最後には「単なる環境問題ではありません。それは社会的、経済的、政治的に重要な問題です」とあったので、ここが要約になります。第2段落の最初には、「気候変動を緩和するには、多面的なアプローチが必要だ」とあります。第2段落は要するにこれだけでした。このように、一見難しそうに思えても、要約としてまとめるべき箇所自体は明確になっているケースもあります。

問題文全訳

気候変動は緊急の世界的問題であり、私たちは直ちに対応する必要があります。過去1世紀にわたり、人間の活動、特に化石燃料の燃焼、森林破壊、工業プロセスにより、前例のないレベルの温室効果ガスが大気中に放出されてきました。これらのガスは熱を閉じ込め、地球温度の上昇、氷床の融解、異常気象、その他の有害な影響を引き起こします。気候変動への取り組みは、単なる環境問題ではありません。それは社会的、経済的、政治的に重要な問題です。

気候変動を緩和するには、多面的なアプローチが必要です。風力や太陽光発電などの再生可能エネルギーの移行は、二酸化炭素排出量を削減するためには不可欠です。さらに、産業、輸送、建物のエネルギー効率を高めることは、大きな影響を与える可能性があります。森林やその他の自然生態系の保護と回復も、二酸化炭素を隔離する上で重要な役割を果たします。さらに、排出削減

目標を設定し、持続可能な実践を促進するには、国際協力と政策イニシアチブが不可欠です。

結論として、気候変動の影響はすでに明らかであり、気候変動と戦う機会の窓は狭まりつつあります。世界中の個人、企業、政府に緊急の行動が求められています。低炭素経済への移行、天然資源の保護、持続可能な実践の促進は重要なステップです。気候変動に集団的に取り組むことで、最も壊滅的な影響を軽減し、次世代により健全で持続可能な未来を確保することができます。

新しい英検の教科書

2024年3月11日　第1刷刊行

著者

西岡壱誠
相佐優斗
孫辰洋

©Issei Nishioka,
Yuto Aisa,
Tatsuhiro Son
2024

発行者　太田克史
編集担当　片倉直弥
デザイン　坂野公一(welle design)
DTP　阿万愛
校閲　鷗来堂

発行所　株式会社星海社
　　　　〒112-0013
　　　　東京都文京区音羽1-17-14 音羽YKビル4F
　　　　TEL 03-6902-1730
　　　　FAX 03-6902-1731
　　　　https://www.seikaisha.co.jp
発売元　株式会社講談社
　　　　〒112-8001
　　　　東京都文京区音羽2-12-21
　　　　販売 03-5395-5817
　　　　業務 03-5395-3615
印刷所　TOPPAN株式会社
製本所　大口製本株式会社

ISBN978-4-06-534818-5　N.D.C.836　71p　21cm
Printed in Japan